NATIONAL GEOGRAPHIC

T0040045

Getting Ready

Ming Tan

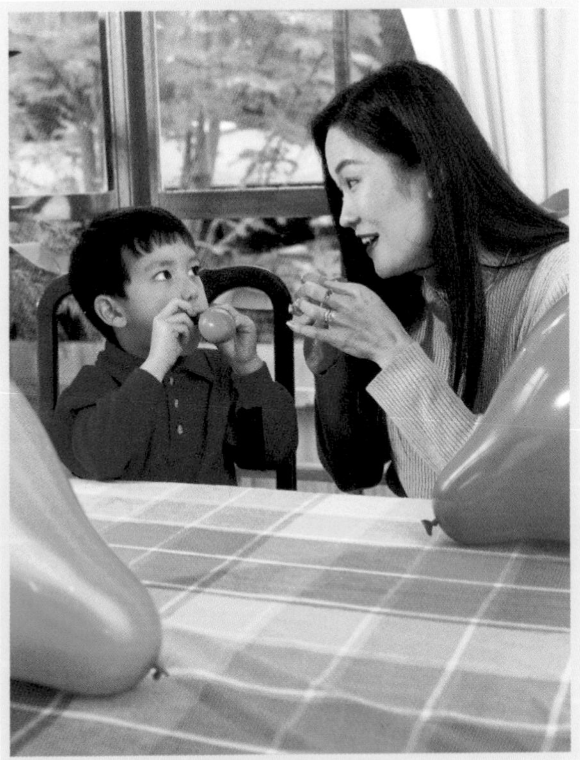

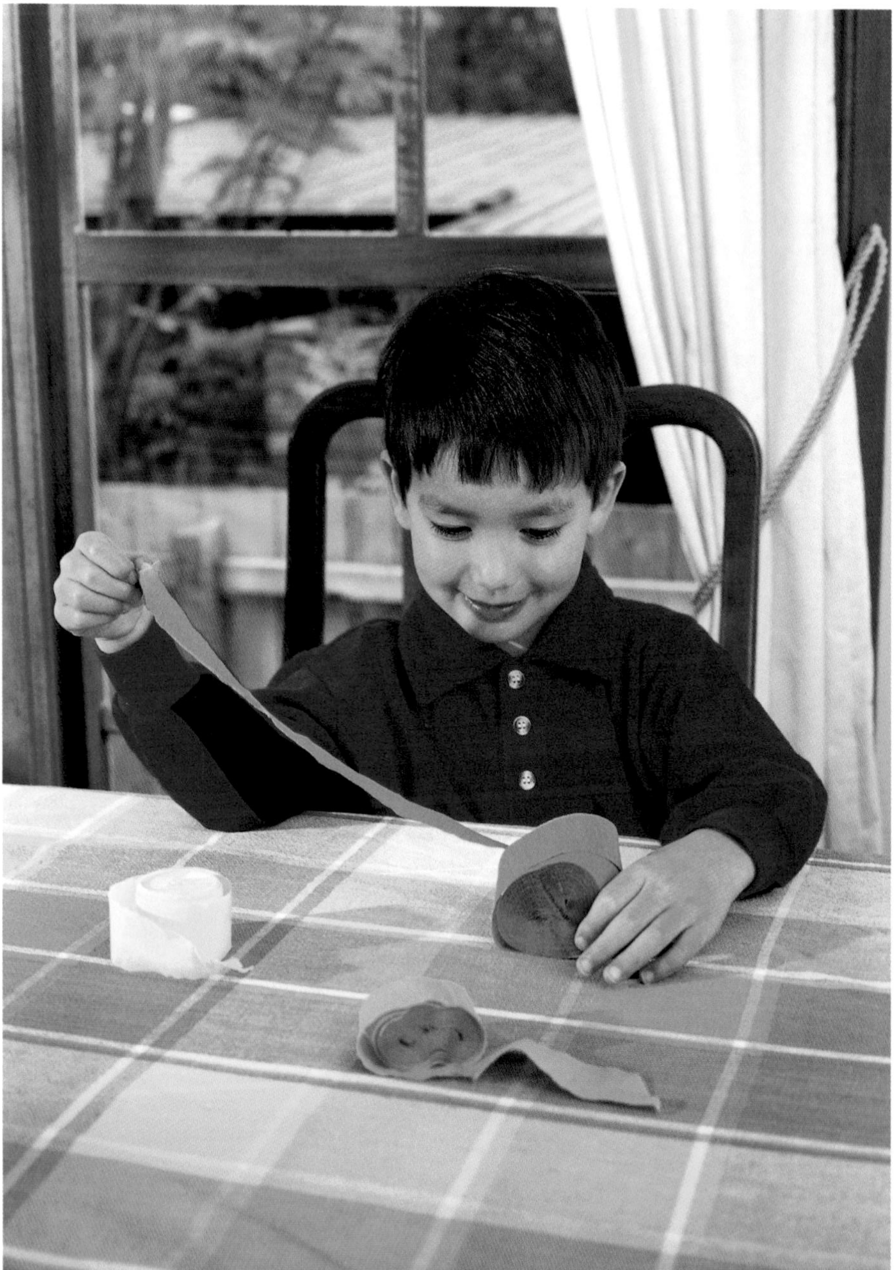

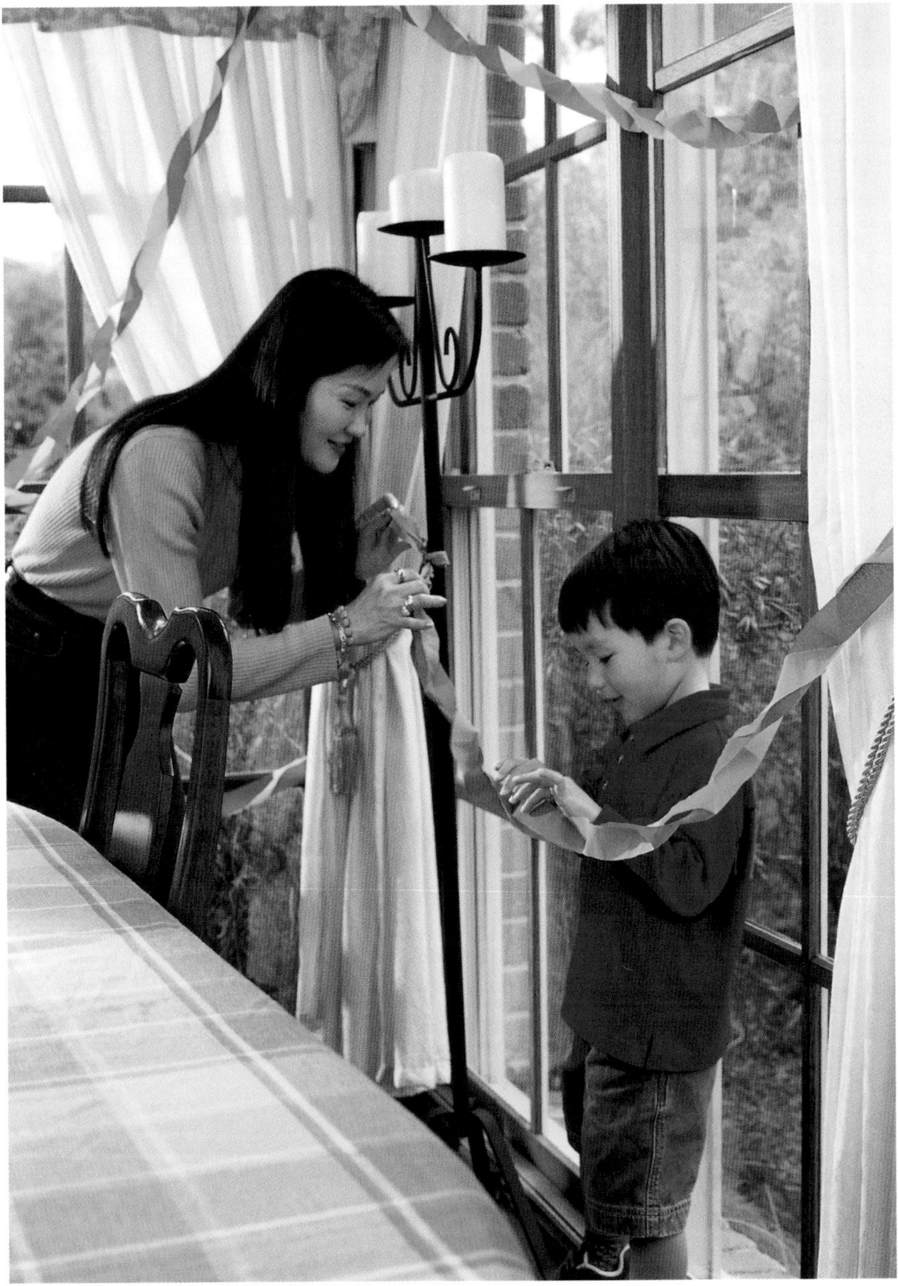

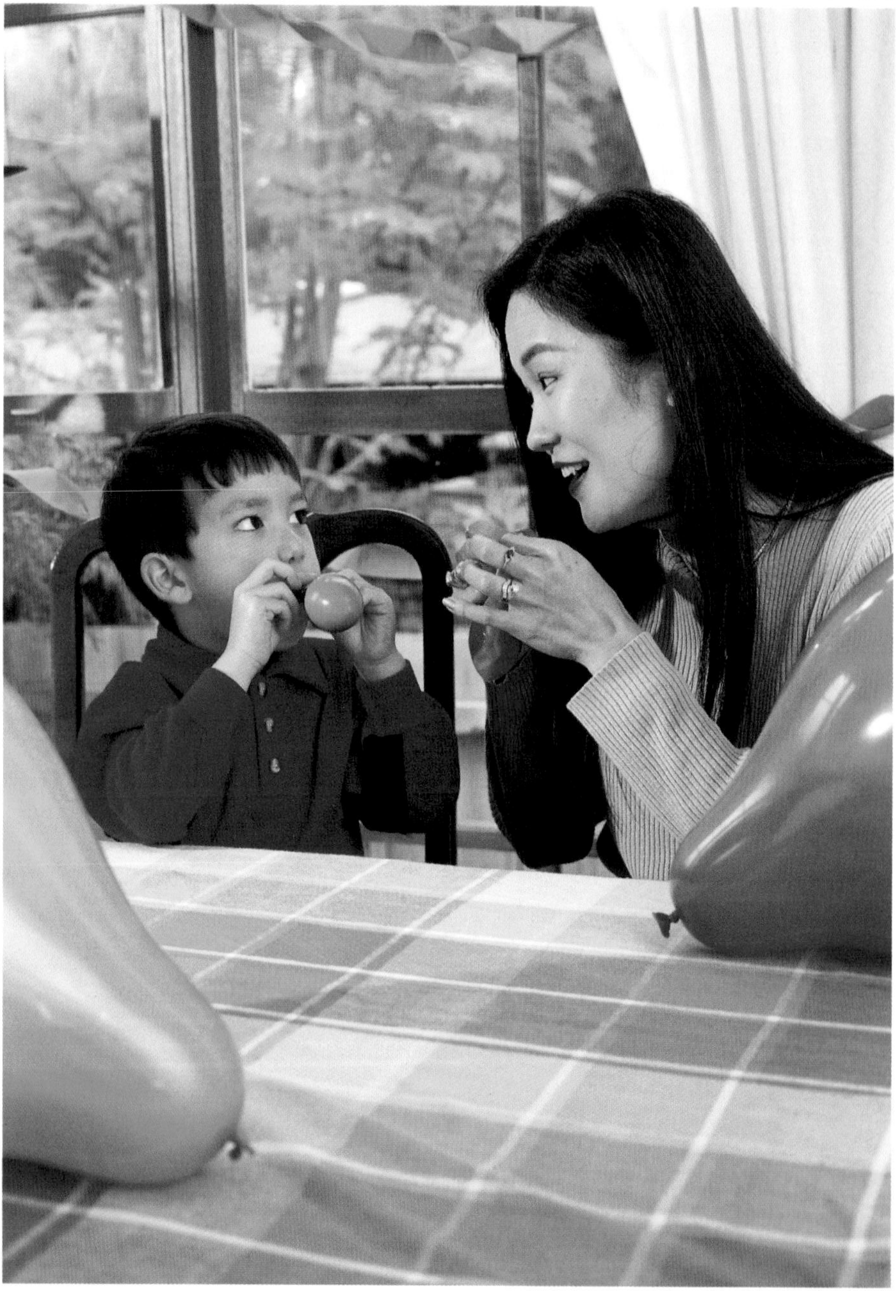

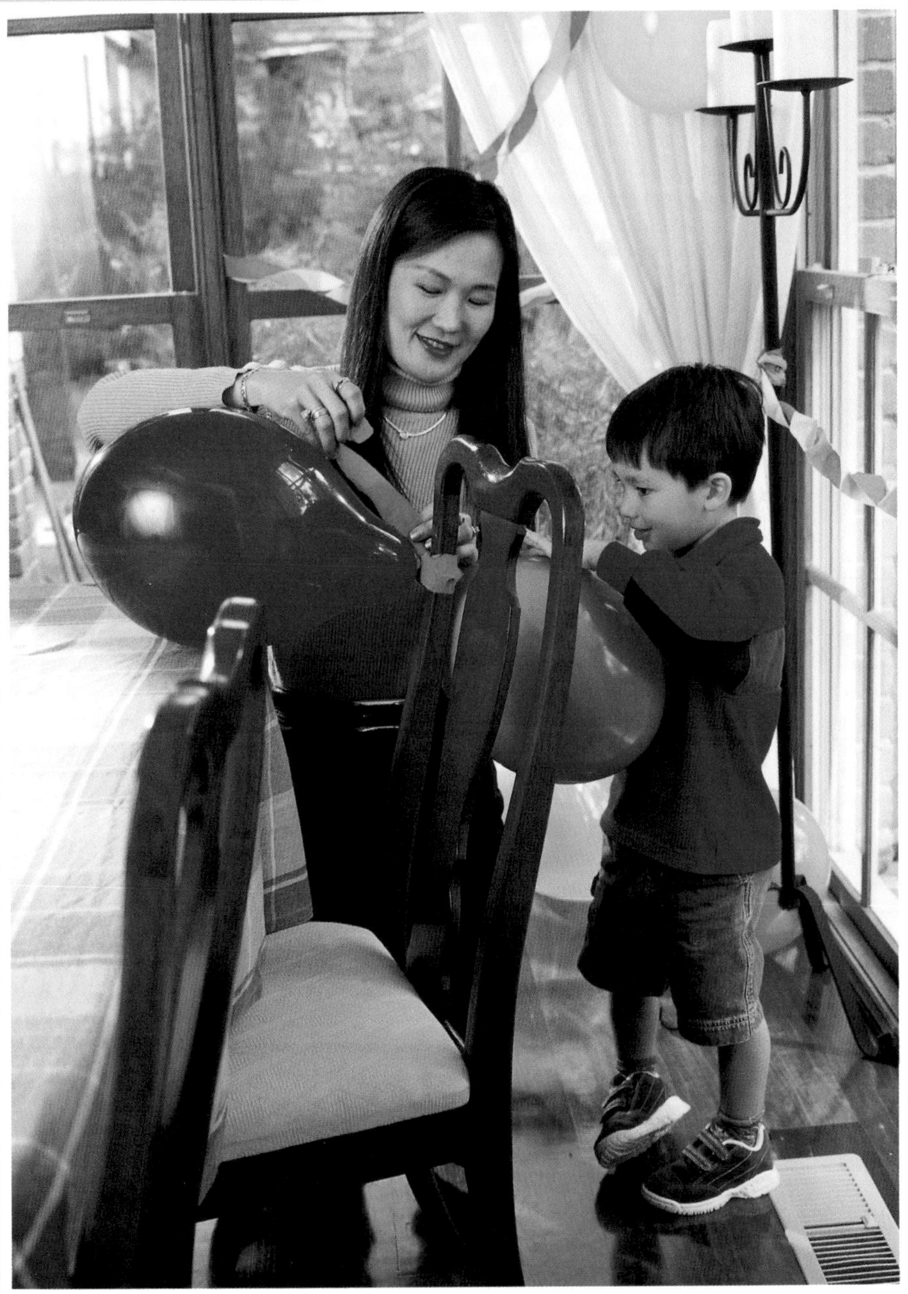

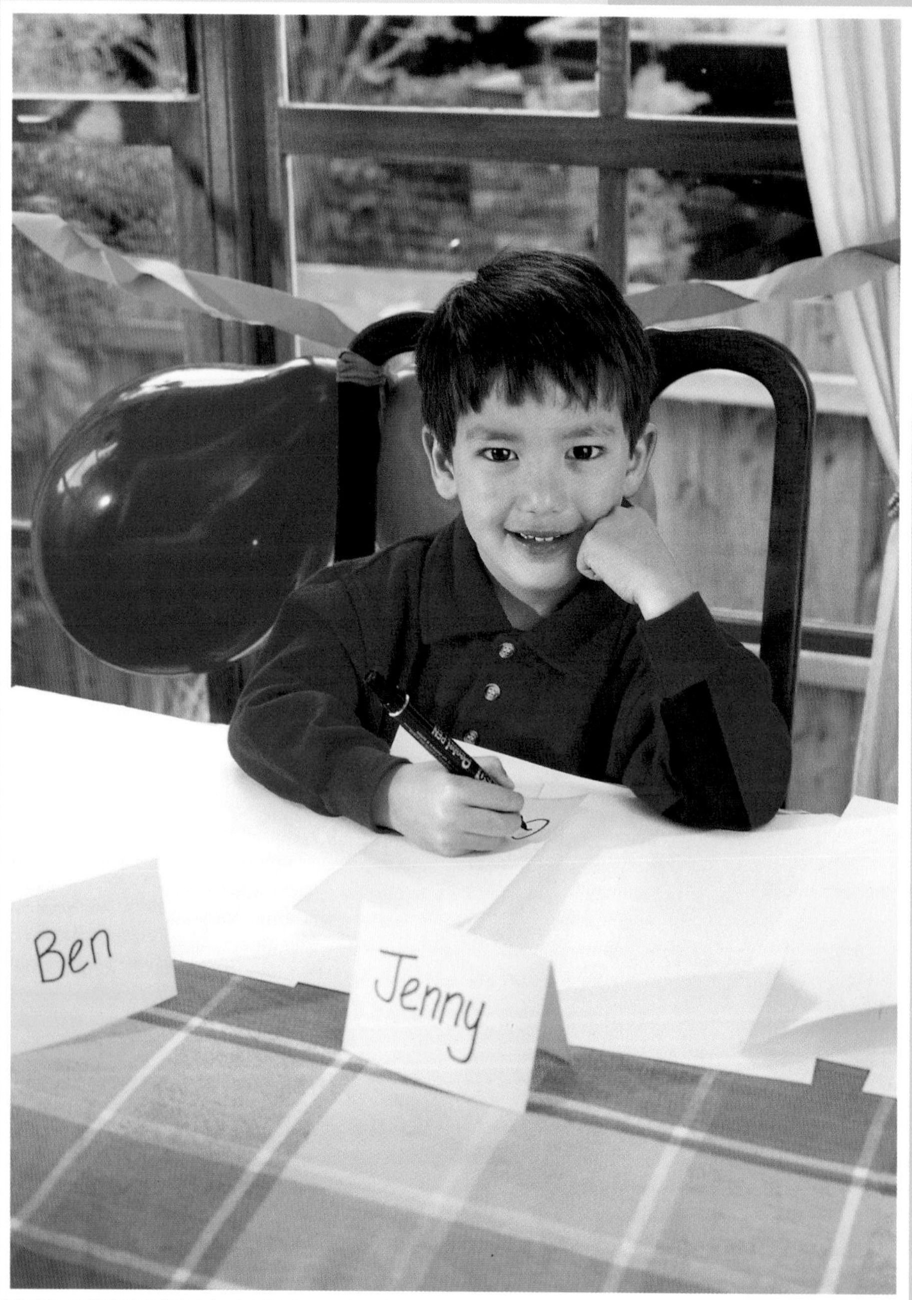
Ben
Jenny

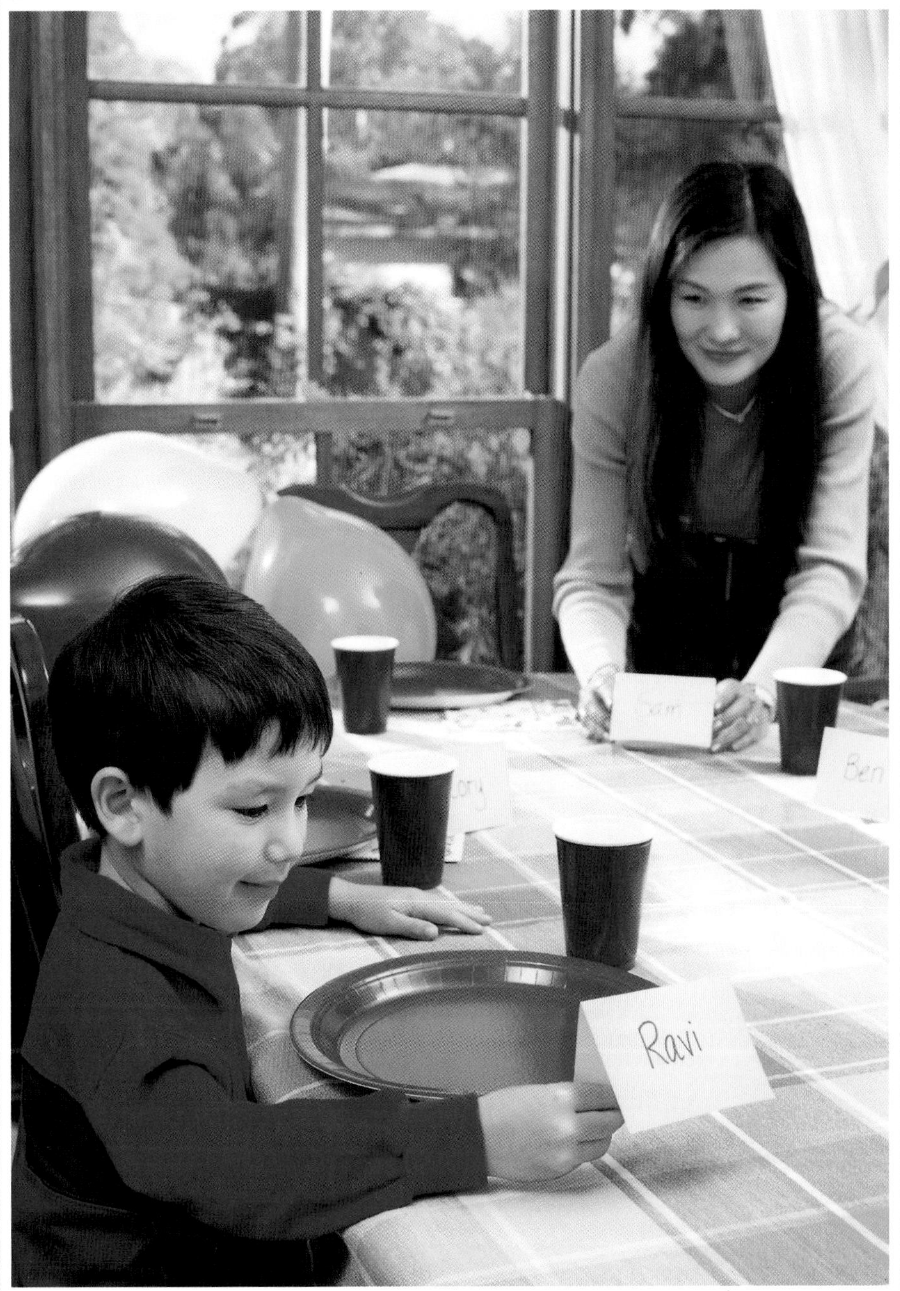
Sam
Ben
Ravi

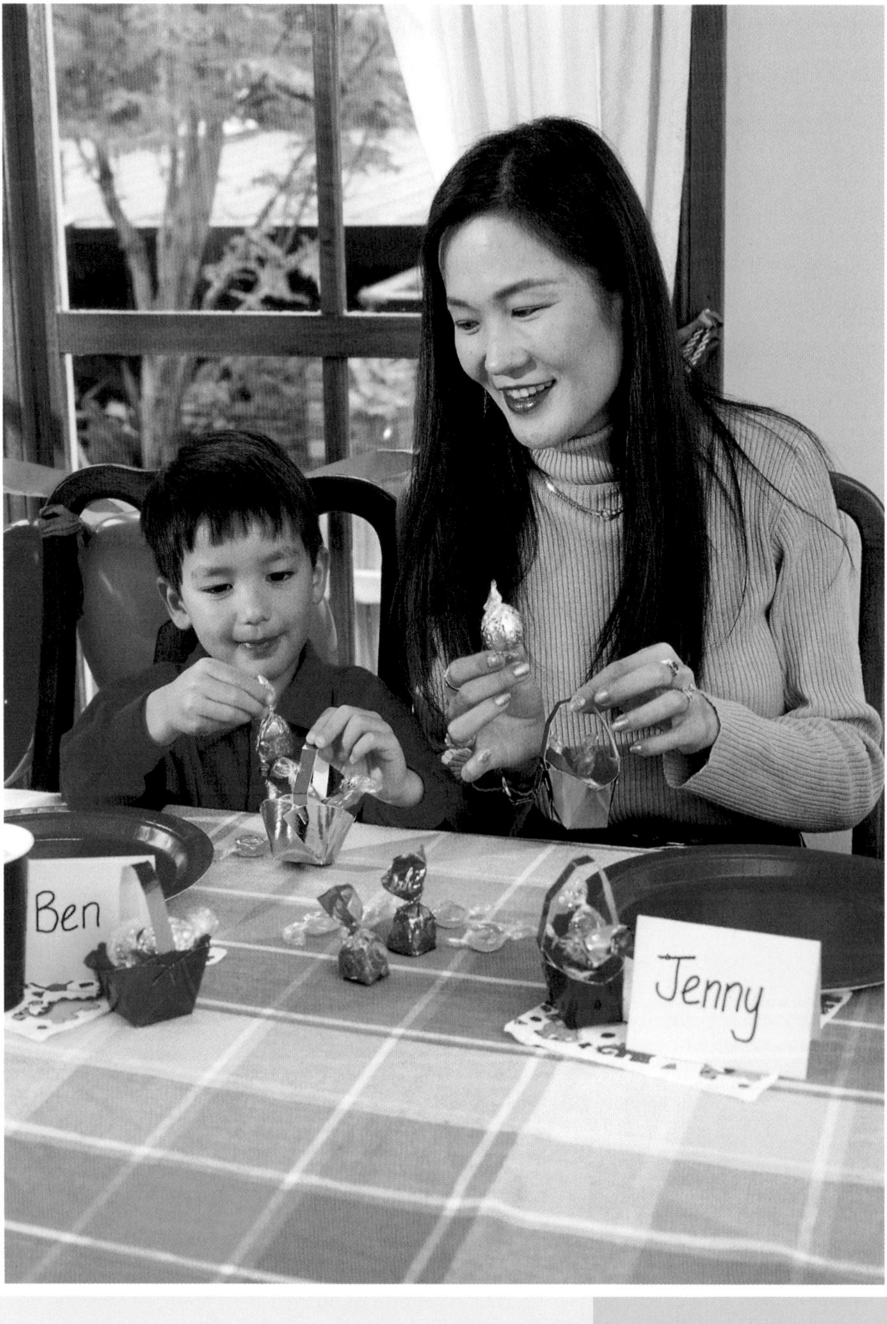
Ben
Jenny

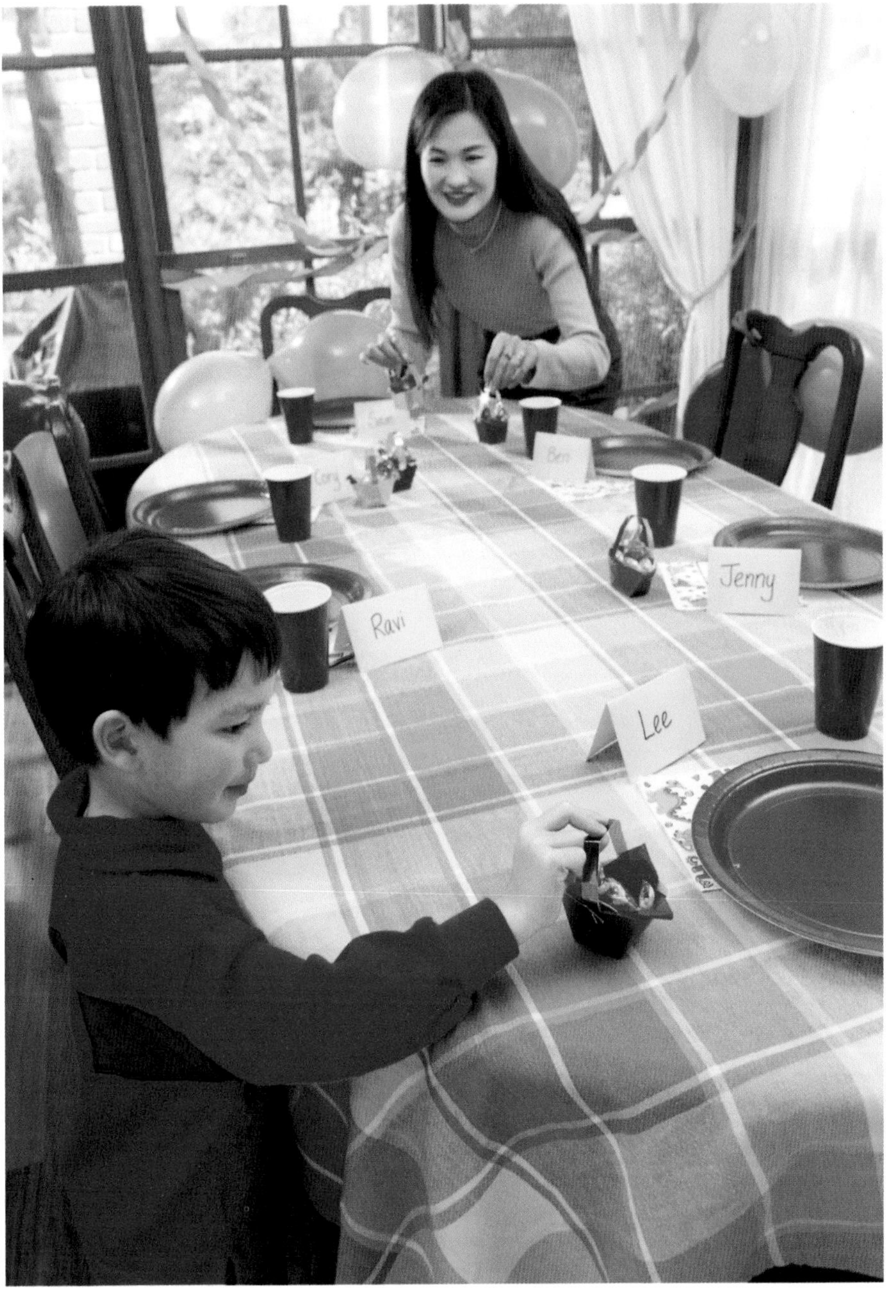
Ben
Jenny
Ravi
Lee

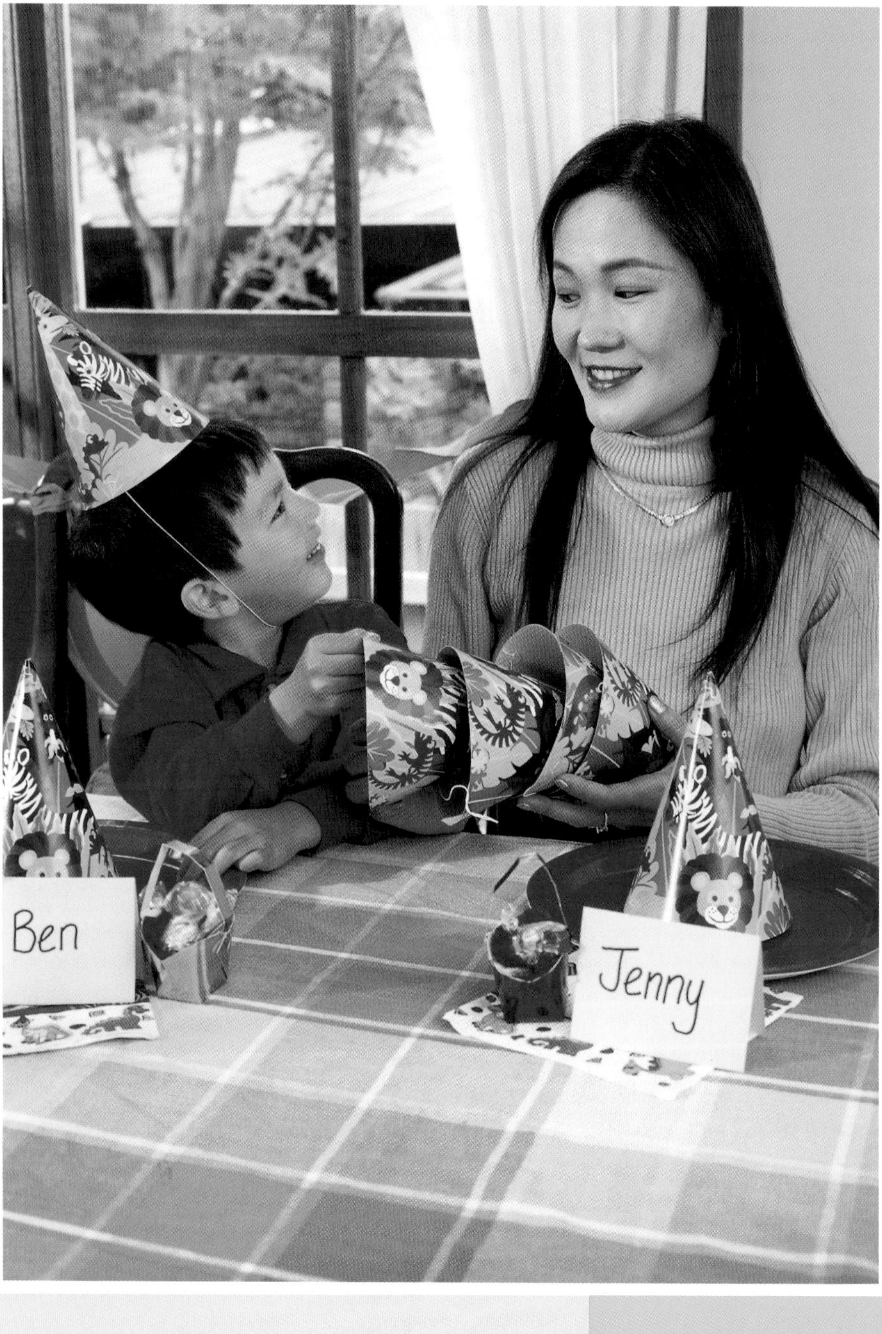
Ben
Jenny

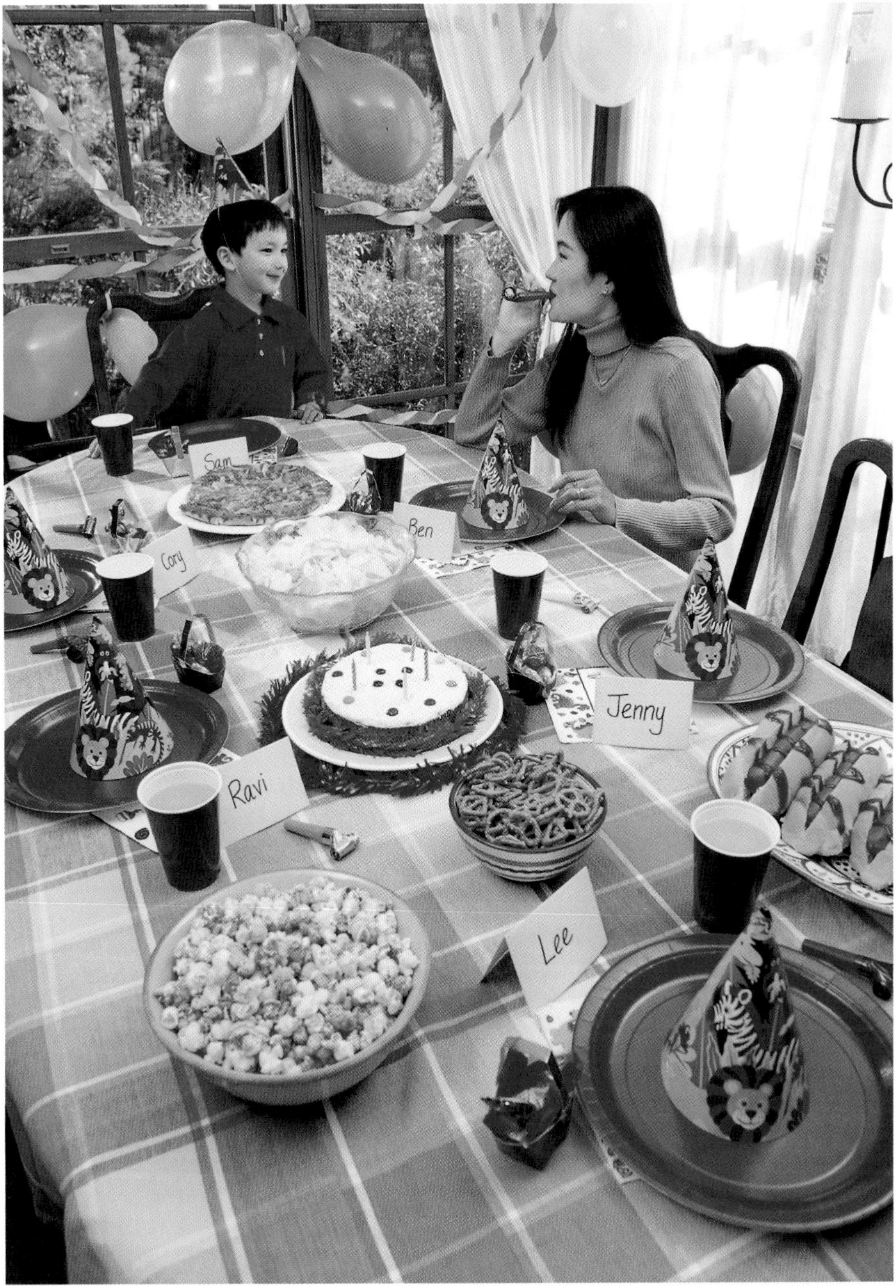
Sam
Ben
Cory
Jenny
Ravi
Lee

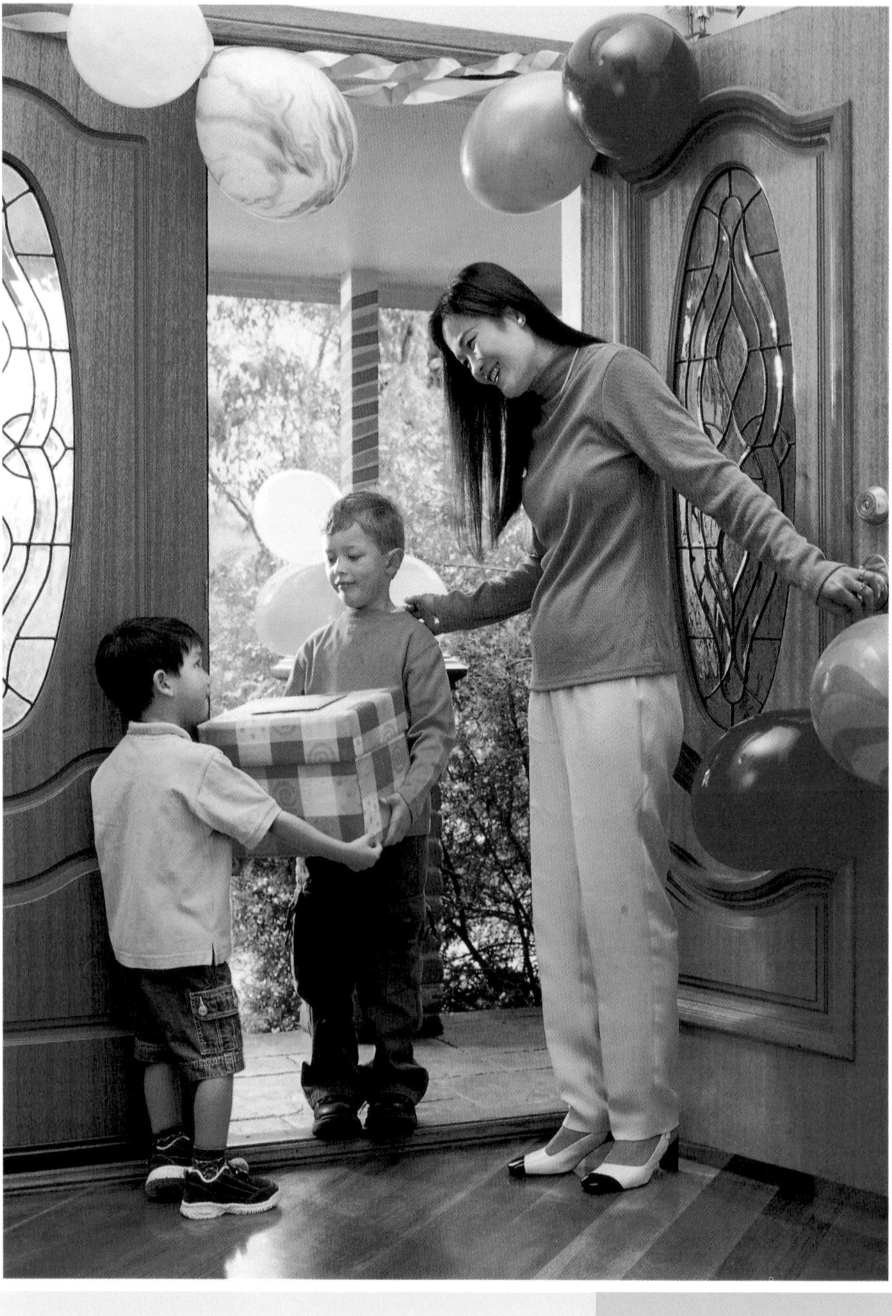